JN418634

2011년 | 제16집 | 꿈과 두레박 동인회

꿈과 두레박

Orum Edition

시인마을

금대봉

| 책머리에 |

삶이란 너울을 타며
봄여름 지나는 동안
진주처럼 자란 마음의 알
껍질을 깨듯 뚫고 나온 시심의 열정
가을보다 더 붉다
마침표를 찍기 전 하고픈 일들
어찌 계절로 헤아릴까만
후회 뒤에는 깨달음을
어려움 속에서는 지혜를 캐어
시라는 이름으로
이정표를 세우며 가는 동인들 앞에
주춤거리는 자신은
그저 부끄럽고 고마울 뿐이다

초가을 어느날
꿈과 두레박 회장 **이영순**

차례

권예자

· 대전 출생 / 1998년 국가공무원 퇴임

· 2002 수필등단 《창작수필》 수필 : 동전 세 닢

· 2004 시 등단 《문학저널》 시 : 구두 한 짝 외

· 저 서 : 시집 『숲이 나를 보고』 (푸른사상 / 2006.12)

· 수 필 집 : 『내 안의 피에타』 (소소리 / 2008.9)

『봄비, 꽃잠 깨다』 (소소리 / 2011.10)

· 활동단체 : 한국문협, 창작수필, 대전문협, 문학저널, 오정문학

공무원문학, 꿈과 두레박 회원

· e-mail _ bombi42@hanmail.net

시

바다에 침몰하다	분꽃	있다	그믐달
버드나무가 살찌는 이유	게시판	서바이벌
떠나지 않는 기차는 없다	낚시	훔친 것과 훔치지 못하는 것

바다에 침몰하다

멸치를 다듬는다
머리는 댕강 자르고
배를 갈라 마른 내장을 뺀다
한 움큼 다듬다 얼핏 보니
잘린 머리에서 빛나는 멸치의 눈들
서슬 푸르게 나를 째려보고 있다

한 가닥 물결로 유영하던 그날
죄 없이 체포 구금되어
팽형(烹刑)에 처해지고
바사삭 말라 교수형을 당했어도
두 눈 하얗게 부릅뜨고 힐책하는
저 당당함

일순
방안 가득 출렁이는 파도
갯냄새 눅진하다
나는 목 잘린 멸치 떼에 둘러싸여
아래로, 아래로 침몰하는 중이다

분꽃

저년, 저 염치없는 년
문주란 화분에 몰래 들어와
주인행세 하는

저녁이면 색조화장으로
붉고 노란 얼굴 만들고
요염한 몸냄새로
목석 같은 남정네 꼬드겨
날밤 새우는

해 뜨면 요조숙녀인 척
가는 목 길게 빼어 입 꾹 다물고
고개 숙이는

민망한 듯 건네준
검은 사리 몇 알에도
분가루를 몰래 감추는
엉큼함 저년

있다

멀리 있어도 가까운
보지 않아도 보이는 이

눈 감으면 더욱 선명한
모르는 척 돌아설 때마다
크고 우람하게 다가오는 이

봄 들판에 야생화 피듯
새벽이슬에 풀잎 젖듯
내 안에 스며
나보다 먼저 나를 살아내는 이

그믐달

여러 날 굶어
허기가 등가죽에 달라붙었어요
휘어진 등허리에 매달린
한숨 같은 폐휴지 수레
자꾸 발목에 휘감겨요
어둠을 무서워해본 적 없는데
두려워 휘청거려요
깜깜해요
앞이 보이지 않아요
그래도
길 아닌 길 끝에
안으로 불 밝힌 점 하나
환하게 타고 있어 가야만 해요
내 모습 꼭 닮은
초승달이 뜬다고 기별이 왔거든요

버드나무가 살찌는 이유

공원의 아침을 여는 형광 조끼
병 조각을 주우며
지난밤 폭설과 폭언을 줍는다
분노와 좌절도 말끔히 쓸어낸다
달착지근한 젊음들의 비린 정열
가출 청소년의 비행도 줍는다
그가 쓸어낸 거리에
아침이 침묵으로 서 있다

가로등이 인사 없이 퇴근할 무렵
노숙자의 벤치도 부스스 깨어
낮 손님맞이 준비 한창이다
새벽에 출근하는 번쩍이는 구두는
새벽에 퇴근하는
꼬지레한 아이섀도를 외면한다

누구도 눈치채지 못한
불행한 사람들의 들키지 않은
사건들이 다녀간 것을
혼자만 알고 있는 버드나무는

숱한 기억을 삼키고 삼켜
자꾸만 뚱뚱해진다

게시판

보문산 입구 동치미 국수집
벽면을 가득 채운
낙서들 소란하다

우리 모두 부자 됩시다. 너나 잘해
우리 사랑은 끝났어. 시작이나 해봤어?
잘 먹고 잘 살아. 나쁜 년
인생은 사기, 꿈은 개꿈
빌어먹을 놈! 메롱, 메~롱
에어로빅 몸 짱 애인 구함
전화번호를 써야지 바보!
○○○ 너를 죽일 거야
기다려, 제발
나는 누구인가? 너는 도대체 누구인가?
꼴값 떨지 마
나 왔다간다♡ 니가 누군데?
끝내줘요 죽여줘요 그대♥

눈이 어지러운 젊고 늙은 낙서
틈새를 찾아 간신히 써놓은 말

면발 죽인다
낙서 맛 더 죽인다

아줌마 국수 빨리 주세요

서바이벌

세상이 온통 서바이벌 게임에 미쳐 있다
오페라 가수, 위대한 탄생
나는 가수다, 신입사원, 불후의 명곡
김연아의 키스 앤 크라이까지

세상은 누군가를 탈락시키기 위하여
존재하는 듯하다
학교와 직장도 등수와 서열로
사람의 가치를 결정한다

기차를 타고 가다 우연히 본 창 밖
전신주 하나가 속도에 뒤질세라
나를 뒤쫓고 있다
산도 보리밭도 그 뒤를 따라 달린다
산속 묘지 구름까지
달리기 대열에 합류한다

갑자기 불안해졌다
저들은 언젠가 나를 추월하여
밀어내고 말 것이다

나도 모르게 자리에서 벌떡 일어나
자꾸자꾸 앞 칸으로 자리를 옮겼다

오늘도
서바이벌게임의 레일 위를
질주한다
또 누군가 탈락할 것이다
벌써 조등이 켜지기 시작한다

떠나지 않는 기차는 없다

플랫폼과 열차 사이
열망과 절망 사이

손 흔들며
기차 떠나간다

눈물 흘리지 않는다

그래도
봄은 진하게 온다

낚시

호숫가에서
낚시질하는 사내
바늘에 미늘까지 달고
온종일 찌만 바라다본다

머리 풀어 물속 넘보는
오지랖 넓은 버드나무
날아드는 새들 껴안으며
물고기 품에 넣기 바쁘다

바람보다 빠르게 헤엄치는
새들의 지느러미
버드나무 가지 사이로
날아오르는 물고기의 날개
의기양양 모두 한 통속이다

물도 알고
구름도 하늘도 아는데
혼자만 모르는 저 사내
또 미끼 던진다

훔친 것과 훔치지 못하는 것

서산 마애삼존불의 미소
안동 월영교 달그림자
강릉 경포해변 잔물결
보문산 진달래의 소소한 연분홍
은행나무 샛노란 낙엽
봄비가 어루만지고 간 으름나무 꽃향기
설악산 대청봉에 걸린 새털구름

그토록 오랫동안 공들여왔으나
아직도 내게 먼
당신의 마음

박현숙

· 대전 출생

·《시문학》으로 등단

· 공저시집 : 『옥빛 고운 자리』 외 다수

· 대전시인협회, 한국현대시인협회, 대전문총 회원
 꿈과 두레박 회원, 시문회 회원, 백지동인

· e-mail _ hsrose59@hanmail.net

시

비는 내리고	버려진 행운목	마지막 불꽃	분갈이
벚꽃 아래서	존재의 가치	통증	어느 사내 일기
그에게 아침은 오지 않았다	산다는 것은

비는 내리고

딸아이가 문자를 보냈다
"나 우산 없어ㅠ"
창밖을 내다보니 빗줄기 점점 굵어진다

우산 챙겨들고 학교로 가는 길은
회화나무 꽃잎 비바람에 찢겨
길바닥 나뒹굴며 울고 있었다
파리한 꽃잎의 울음
이별의 경계는 늘 이런 것인가
하얀 국화꽃 한 송이로 이별 했던
그 날도 이렇게 비가 내렸다

교문 들어서자
수업 마치는 음악 흐른다
고만고만한 아이들
야릇한 소리 지르며 쏟아져 나온다
딱딱한 의자에서 벗어난 소리
내 아이의 소리
내 심장의 소리다
처마 밑 계단에 홀로 서서

손 흔들며 날 부르는 내 딸
우산 움켜쥐고 뛰어 가는데
울컥 솟아오르는 뜨거움
빗소리 때문일까
꽃비 눈물 때문인가

우산 속 아이의 까만 눈망울
물밀듯 가슴에 젖어드는 오후
세차게 비는 내리고

버려진 행운목

아파트 화단에 버려진 행운목
누구 손에 크다 버려진 것인가
흙먼지 뒤집어 쓴 채 일어서지 못 한다

주인은 행운을 버린 걸까
버림으로 다시 태어나길 바란 것일까
고열에 시달린 아이처럼
축 늘어진 몸 품에 끌어안았다

상처투성이 눈물 닦아주고
어르고 달래길 여러 번
빛나는 행운 바라지 않겠어
볕 좋은 베란다 한쪽
흘러가는 구름도 잘 보일게야

활짝 열어젖힌 베란다에서
슬며시 들리는 푸른 숨소리
오래도록 당당히 피어나라

마지막 불꽃

- 하루살이

해질 녘 냇가
어디서 온 걸까
일제히 날아오르는 무리들
은빛 날개 흔들며 춤 춘다
눈빛 멀리 보는 척 하다가도
어깨쯤 맴도는 그녀는 없을까
눈부신 몸짓으로 그녀를 찾는다
천 날을 준비한
단 하루 사랑
온몸 다하여
눈물나도록 춤추는
치열한 정리(情理) 뜨겁다
이내 시간 저편으로 사라질
마지막 불꽃

분갈이

화분이 터질 듯 꽉 찬 난
난속에 물 붓고 조심스레 엎는다
뿌리는 세상 나오기 싫은 걸까
쉽게 나오지 않는 뿌리
거꾸로 겨우 들어내니
얼기설기 엉킨 지하철이다
어떻게 비좁은 세상 살았는가
뿌리 갈라 본다
몇몇 쭉정이 버리고 알뿌리만 모아
두 개 화분 만든다

거실에서 들려오는 티비뉴스
"정부 기관들 곧 행정중심복합도시
세종시로 이전 공무원 대다수가 서울을 떠납니다"

벚꽃 아래서

툭,
속살 들썩이며 터져 나오는
연분홍 사랑아
내 젊음아
가슴 간질이는 네 눈빛과
보드라운 살갗 끌어안고
단잠 속에 빠져 든다
하여
몇 점 바람에도
꽃이파리 흩날리던
신탄진 연초제조창 벚나무 길
아스라한 기억의 틈 비집고
성큼 걸어 나오는 너에게
차라리 내 사랑 들켜 버릴 것을

존재의 가치

그녀는 나를 싫어한다
나를 만지는 빨건 고무장갑 손
몸 으스러져라 비틀고 짜내어
데려간 곳은
신발자국 건너간 거실이며
깨끗지 못한 방바닥 후미진 곳까지
그리고는 먼지투성이 창틀에 끼워
꼼짝없이 깜장 뒤집어씌운다
숨 쉴 수 없다
몸부림 쳐도 안중에 없고
입가에 웃음소리까지 흘린다
그러다 전사로 돌변
나를 휘어잡고
미친 듯 후려갈기면
영락없이 파리새끼 한 마리
나가떨어지고
공중 부양시켜 거미사냥도 한다
하소연해야 소용없다
나는 그녀의 자부심이다
나로 인해 그녀 세상이 빛난다

땀 흘린 후 하얀 거품 목욕에
따사로운 햇살과 바람까지 안겨주는
그녀는 나와 동거중이다

통증

아무런 이유 없이
온몸에 퍼져드는 통증

엎드려 눈물 쏟아 내는 건
참을 수 없는 아픔 아니다
아스피린 두 알로도
삭히지 못 하는 가슴

아무리 둘러봐도
텅 빈 벽만 말없이 바라 볼 뿐

어느 사내 일기

어찌 해야 하나 오늘도 의미 없는 하루를 보내고
잠깐이면 될 텐데 그 잠깐이 너무 길다
무엇을 보겠다는 것일까 어제가 오늘이고 오늘이 내일인데
되돌릴 수 없는 내 삶의 굴레 돌고 돌아 오늘도 제자리…

사고로 하반신 마비된 사내
일기 보았다
눈물로 얼룩진
긴 한숨 자락이다
밖을 보라
담벼락 오르는
담쟁이 보이지 않는가
기름진 땅 아니라도
악착같이 기어올라
담벼락 휘감는
담쟁이가 되라 사내여

그에게 아침은 오지 않았다

산소마스크 링거
줄줄 달고 있는 노인
마지막을 붙잡고 있다
전자시계 붉은 숫자만 봐도
증권사야 된다며 큰 소리 치던
치매노인
모니터 붉은 숫자 번쩍여도
신음마저 없다
깡마른 가슴만
검푸른 파도처럼 요동치다
서서히 잦아들더니
돌아올 수 없는 강 건넜다
밤짐승에 이끌려
이승과 저승 수없이 드나들다
잠든 평온한 얼굴
잠시 세상구경 왔다
획 하나 긋고 집으로 돌아간
그에게 아침은 오지 않았다

산다는 것은

잠에서 덜 깬 새벽녘
농협 앞마당 비둘기 떼 분주하다
구구 소리 낼 틈도 없는 생존경쟁
어제 봤던 발가락 잘린 비둘기도 있다
굶주려 삐걱거리는 세상
먹어야 사는가
환경미화원 출근시간 이들은 안다
낱 알 하나 남기지 않은 채
땅을 박차 나르는 무리들 사이로
여명은 밝아오고

백경화

· 충남 부여 출생
· 《문학세계》 신인문학상
· 산행기 :『산의 향기를 찾아서』 상재(푸른사상)
· 대전문인협회 회원
· 꿈과 두레박 회원
· e-mail _ bak0799@hanmail.net

시

| 나는 어디쯤 가고 있는가 | 조각 전시장 |

| 춤추는 무대 | 이렇게 좋은 날엔 | 유월의 덕유산 |

| 섬진강 강변에서 | 그사람 | 기다리는 마음 | 뜸을 뜨며 |

나는 어디쯤 가고 있는가

캄캄한 성판악의 새벽
완전무장한 등산객들 하나 둘씩 모여든다
날쌘 바람
얼굴을 알싸하게 치며 짓궂게 인사한다.
뽀드득 뽀드득 하얀 눈 밟히는 소리
정감 있게 들린다
손전등으로 비친 세상
온통 다이야몬드 세상이다
눈속에 빠져드는 등산화
발등까지 차오르는데
발바닥은 포근함 마저 든다
하늘엔 별들이 가고 나도 가고
갈길은 멀고 마음은 벌써 다 가 있는데
나는 지금 어디쯤 가고 있는 걸까

조각 전시장

바람도 자고 조용한 한라산 중턱
천태만상 조각 전시장이다
밤새 퍼부었던 눈덩이 뒤집어 쓰고
추위를 이겨낸 나무와 나무들
서로 부둥켜 않고 한 몸 되었다
사슴뿔로 치장한 작은 나무들
더 작은 풀잎들은
바닷속의 산호초가 되어
세상은 온통 순백의 나라
바람이 가져다 준 아름다운 선물
그 안에서 나를 보았다
수없이 만들다 실패한 조각품

우주 속에 들어와 꿈을 꾸고 있는가

춤추는 무대

백록담 정상은
구름들이 모여 춤추는 무대다
바람은 쏴와~하고 심벌즈 울리고
하얀 구름 천사같이 내려와
사쁜 사쁜 춤을 춘다
분화구에 미끄러지듯 들어가면
어디선가 짓궂은 바람
쏜살같이 달려와 몰아내고
또 들어가면 내몰고
술래잡기 하듯 연신 좇고 쫓기며
무도회는 끝날 줄 모른다
거기에 푹 빠진 관중들

이젠 그만 집에 가야 하는데

이렇게 좋은 날엔

이렇게 좋은 날엔
지리산에 가고 싶다
정상에 올라 온 세상 바라보면
내 마음은 벌써 텅 빈 하늘이었지
시원한 바람 가슴속에 파고들면
나는 풍선이 되어 날아다녔지
첫 번째 산행에서
천왕봉에 올라 표지석을 끓어 앉고 울었었지
제석봉 고사목 군락지를 보고
시 한편 내려 그렸지
별 쏟아지는 밤 세석평전에 앉아
귀뜨라미 소리, 쫄쫄 흐르는 물소리
피아노 연주소리로 들렸지
들꽃과 바람 하얀 구름까지 내곁으로 내려와
정답게 속삭여 주었지
지리산에 가고 싶다 이렇게 좋은 날엔

유월의 덕유산

오늘은 당신을 만나는 날
아침부터 마음이 설레었습니다.
한시라도 빨리 만나기 위해
한나절은 족히 걸어가야 될 곳
조급한 마음에 단숨으로 뛰어 갔습니다.
당신은 벌써 수 많은 사람들과 연분홍꽃 속에 파묻혀
잔치를 벌리고 계셨습니다.
지난 겨울에도 하얀 천사들과
함께 계신 모습 보고 반해서
발길이 떨어지지 안했습니다.
집에 와서도 자나 깨나 당신 생각에
가슴이 두근두근 좀처럼 가라앉지 않았습니다
당신은 이 마음을 아시는지 모르시는지
모르셔도 괜찮습니다.
더 욕심 내지 않기로 했습니다
이대로 당신 앞에서 바라만 보아도
저는 행복합니다.
다만 앞으로 이 몸이 언제나
이곳에 올 수만 있게 해주신다면

섬진강 강변에서

살랑바람에 살랑대는 밤나무의 밤송이들
장난스런 아가씨들이 까르르 웃는 모습 같다
아무도 접근할 수 없는 높은 곳에서
섬진강 강바람에 몸을 맡긴채
이리흔들 저리흔들 노래하며 춤을 춘다
고슴도치 같지만 곱게 자라서 시집갈 때가 되면
반질반질한 속 매무새는 아무도 따를 자 없고
터질듯한 하얀 속살
벗겨보지 않고는 아무도 모른다
햇볕에 바람에 그을리며 꿈을 키워
추석이 되면 화개장터로 님 마중 가게 될
저 평화로운 웃음

그사람

비 오는 날에는
보고픈 사람 하나 있다.

비를 좋아해서
우산을 모았다는
빨간색 노란색 파란색

빨간색 우산은 사랑하는 사람을 만날 때
노란색은 누군가와 마음을 나누고 싶을 때
파란색갈은 무작정 걷고 싶을때
각각 의미가 있다는 우산

만나는 사람 따라
우산이 다르다는
그 사람

나를 만날 때는
무슨 색깔의 우산을 들고 나올까

기다리는 마음

머나먼 타국에서 사는 딸아이
3년 만에 손주 녀석들 데리고 오늘 온다네요
며칠 전부터 방 치워 예쁘게 꾸며 놓고
이불 빨아 고솔고솔 말려 놓고
김치 담그고 밑반찬해서 냉장고에 차곡차곡 넣어놓고
설레임 속에 기다립니다.
네살박이 손주놈은 얼마나 컸는지
육학년인 손녀는 얼마나 예뻐졌는지
머리 염색하고 화장하고 기다립니다
그때 객지에서 돌아온 나를 보고
너를 만나니 아픈 곳이 다 낳았다며
눈시울을 적시던 당신의 모습
어렴풋이 찾아와
이 가슴을 촉촉히 적셔줍니다

뜸을 뜨며

뜸을 뜬다
아픈곳 찾아 하나 둘 셋……
뽀얀 연기가 실타래처럼 올라 간다
여기저기서 살타는 냄새
살려달라는 살의 신음소리
쌉쓰름한 쑥 내음
온 방안에 진동하고
내 뼈 속까지 침투하며
못된 찌꺼기
지글지글 태운다
내 몸속 구석 구석 하나도 남김없이
모두 태워 날려 보내라

이선

· 충남 부여 출생 · 교원 명예퇴직
· 《창작수필》 수필등단(2001), 《공무원문학》 시등단(2003)
· 시　집 : 『나는 섬이 된다』 (푸른사상)
　　　　『환한 나이테』 (시에)
· 수필집 : 『자마이카』 (푸른사상)
· 창작수필문인회, 대전문인협회, 대전여성문학회, 꿈과 두레박 회원
· e-mail _ sunleetop@hanmail.net

시

| 새우젓 | 천문산에 오르다 | 침묵 | 카멜리아 |

| 울지마 톤즈 | 허물의 자리 | 저녁답 풍경화 |

| 빈집 | 책가방을 든 여자 | 체머리 흔드는 이유 |

새우젓

토요장터 젓갈전에서 새우 한 마리 입에 넣으니
탱탱한 새우가 짭조롬 입맛을 당긴다
세상은 온통 물로만 채워진 줄 알았던 새우가
어느 날 그물에 걸려 육지로 올라와
가느다란 눈으로 푸른 하늘을 보려는 순간
온몸은 소금으로 덮여지고
큰 항아리에 담겨 토굴에 갇히는 신세가 되었다
젓도 젓 나름, 젓이라고 다 맛깔스런 것은 아니다
오젓, 육젓, 추젓이 제각기 맛자랑을 하지만
살 오른 유월에 잡혀 천일염 옷을 두툼하게 입고
사늘한 광천 토굴에서
몇 달 푹 잠재운 육젓이라야 제격이다
한 번 염장으로는 상질의 젓갈로 탈바꿈할 수 없어
두 번째 염장을 질러 완전 봉쇄된 채
토굴 속 은둔 생활이 다시 시작된다
그래도 포기하지 않고 푸른 바다의 자유를 꿈꾸는 동안
새우는 서서히 익어가며 계절 하나 훌쩍 넘긴다
김장철이 되어서야 다시 빛을 보게 된 새우
뭐니 뭐니 해도 젓 중에는 육젓이 최고라는
아주머니들의 입담에 뽀얀 등살이 더욱 통통해 진다

염장에 익숙해지지 않고서는
절대로 빛을 보지 못하고 빗나간다는 것
이미 등 굽은 새우는 알고 있는 것이다

천문산에 오르다

천문산* 오르지 않고 산을 보았다고 말하지 말라
억만년 조물주의 교묘한 손길이 빚어낸 비경
천문산을 변명할 수 있는 말은 사전에도 없어
다물어지지 않는 입은 탄성을 울릴 뿐 눈으로만 말한다
하늘을 떠받친 기이한 봉우리가 봉우리를 업고
산이 산을 끌고 가며 병풍을 펼쳐 놓은 대협곡
수직절벽을 타고 천문산을 휘돌 때
귀곡잔도**에 홀린 듯 아찔아찔 현기증 일으킨다
벼랑 끝 간당간당 서 있는 단풍나무는
겁도 없이 새빨갛게 제 몸만 달구며 살랑댄다
굽이굽이 아흔아홉 굽이가
구절양장으로 펼쳐진 통천대로를 따라 오른 최고봉
장대한 돌봉우리에 시원하게 뚫린
저 천문동은 하늘로 통하는 문이던가
구백구십구 계단을 단숨에 오르고 보니
하늘은 저 멀리 달아나고 봉우리뿐이다, 산뿐이다
앞으로 봐도 뒤로 봐도 사방팔방 기암절벽이다
돌도 생명을 잉태한다는 성지
기암괴봉 사이마다 뿌리내린 나무들을 보라
끝이 보이지 않는 계곡에 뭉실뭉실 피어오르는 안개는

과연 밤낮 없이 뿜어낸 나무들의 입김이었던가
수천 선녀들이 굼실굼실 날개옷 펄럭이며
어둠이 천문산 봉우리를 통째로 삼킬 때만 기다린다
산이라고 다 산이 아니라는 것
웅대한 천문산은 억만년을 일갈하고 있다

* 중국 장가계 내의 성산. 1,528m
** 귀신이 다니는 벼랑에 만든 길이란 뜻. 약3Km 정도

침묵

무채를 썰다 손을 베었다
손을 감싸 쥐고
원망스런 눈빛으로
칼끝을 노려본다
바르르
눈꺼풀에 경련이 일 뿐
칼은 아무 일도 없었다는 듯

침묵할 뿐이다

상처를 낸 것은
칼날이 아니다
시퍼런 칼도
스스로 상처 내지 못한다
가끔
무 한 쪽 베지 못한 칼
밤새도록 간 적 있다

카멜리아

카멜리아 언덕을 걷는다
살바람 받아먹고
빨갛게 상기된 볼때기
건드리면 새빨간 피
왈칵 쏟아낼 듯
꼭 앙다문 꽃봉오리
차마 눈부셔
바라볼 수 없는
저 산드러진 자태
무슨 사연인지
서둘러 떨어져
물 위에 동동
치마폭 펼쳐놓은
겨울의 여왕 카멜리아
아득히 먼 옛날
절개 곧은 여인의 넋이던가
떨어져도 매무새 흩어지지 않고
다소곳이 송이 째 엎딘
요절한 청상이다

울지마 톤즈*

눈물조차 메마른 척박한 땅 수단에
사랑의 전령사 파견 되셨네
그 이름 부르기 조차 가슴 떨리는
고 이태석 신부님
꺼져가는 생명의 불씨를 살리다가
천사들의 손을 잡고 승천하셨네
당신이 걸어오신 발자국, 발자국마다
푸석한 사막의 단비가 되어
그들의 눈망울을 촉촉이 적셨네
육신은 비록 한 줌 흙이 되어도
그의 영혼은 영원히 톤즈에 머무르네
수단의 아버지, 거룩한 이여!
천대 만대 빛날 그 이름이여!
당신이 뿌리고 간 사랑의 불씨가
머나먼 아프리카 수단 굳은 땅에서
꺼질 줄 모르고 활활 타오르네
빛과 소금이 되어 온 몸을 태우고 녹여
죽어가는 이에게 새 생명을
눈 먼 자에게 빛을
배고픈 이에게 일용할 양식을 주시며

헐벗은 이에게 옷을 입히셨네
당신은 살아계신 예수님을 증언하고
하느님께 외면당한 줄 알았던 그들에게
하느님의 사랑을 보여 주셨네
수단에서 수단 방법을 가리지 않고 왔노라던
당신의 해맑은 웃음과 따뜻한 손길은
모든 이의 눈물샘을 한꺼번에 터뜨려
톤즈는 짜디짠 소금바다가 되었네
울지마, 울지마 톤즈

* 영화 제목 : 이태석 신부님의 다큐멘터리

허물의 자리

성경 공부를 마치고 따끈한 찰밥집을 찾았다
막 성당문을 밀고 나왔다는 사실을 까맣게 잊었는가
푸짐하게 차려진 밥상 앞에 앉자마자 시작한 수다
늘 비비적거리며 사는 남편과 그의 피붙이가 단연 우선 순위다
수십 년 시집살이 굽이굽이 서린 한이 혀끝에 말려
누에고치 실 풀리듯 술술 풀어 놓아도 끝이 없다
입이 후끈 달아오르도록 까발려
껍질이 밥상 위에 수북이 쌓이는 동안
따끈한 순두부찌개는 열기를 덜어내고
찰밥은 더 찰떡 들러붙어 떡이 되었다
가만히 듣고만 계시던 하느님이
슬그머니 자리를 함께 하시니
벗겨놓은 허물이 하나하나 제자리로 되돌아간다
오전 내내 성경 말씀으로 마음을 정갈하게 씻고 온 그들도
허물을 벗기지 않고서는 도저히 용서할 수 없어
일단은 벌거숭이가 될 때까지 벗겨놓고 보는가 보다
- 저희에게 잘못한 이를 저희가 용서하오니 저희 죄를 용서
하시고
주의 기도문 한 구절 되새김질했는지
가시를 세운 혀가 차츰 온기를 찾아 녹록해 진다

사랑은 사랑으로, 미움은 미움으로
되돌아온다는 깨우침이 번뜩 뇌리를 스치는 순간
구수한 숭늉이 몇 십 년 꽉 막혔던 가슴을 펑 뚫는다
- 제 탓이오, 제 탓이오. 저의 큰 탓이옵니다
통회의 기도로 자신의 허물을 겹겹이 벗어놓은 빈 밥상에
비로소 하얗게 피어오르는 이팝꽃 환하다

저녁답 풍경화

하늘이 발갛게 눈시울 붉히는 저녁답
여윈 나뭇가지에 까치 한 마리
무슨 사연에 간당간당 흔들릴까

빈 둥지에는 바람만 가득 담아놓고
빛을 잃은 까만 눈망울은
이슬 한 방울 뚝 떨어질 듯 촉촉하다

아기까치의 새살거리는 소리 들리는지
목을 쑥 빼물고 까악까악 한 옥타브 올려
긴 부리는 어스름 허공에 슬픈 음표를 찍는다

저물저물 석양이 얼굴을 가리고
땅거미 살포시 그를 감싸 안자
그리움은 백중사리 바닷물이 되어
허기진 가슴에 넘실넘실 차오른다

드문드문 유리창은 불을 밝히고
하늘을 수놓던 별들이 어디로 갔는지 몰라
초승달만 지긋이 실눈을 뜨는 저녁답

빈집

기우뚱 기우러진 집 한 채

어림잡아 70년은 더 견뎠을
저 부실한 기둥

아직은 30도를 유지하며
반쯤 열린 문으로 드나드는 바람

숭숭 뚫린 뼈 속 마디마디
서걱거리는 그리움

묵은 잡풀 속 빈집이다

책가방을 든 여자

그녀가 책가방을 들고
아파트 출입문을 나서는 것은
어제 오늘의 일이 아니다
오래된 습관처럼
책가방이나 서류봉투를 들지 않으면
외출의 의미를 찾지 못한단다
어떤 날은 검정 가방이다가
어떤 날은 갈색 가방이다가
한쪽 어깨가 기울기를 달리 해도
그녀는 가장 멋진 품새로 외출한다
어디 가는지 궁금한 사람들은
선생님이세요?
교수님이세요?
늘 물음표를 달지만
하는 일 없이 바쁘다네요
환한 웃음 한 방울 털어 놓고
또각또각 발자국 소리만 찍어 놓는다
성분이 불투명한 책가방 속에는
희미해진 과거와 오늘이 담겨 있다
번뜩이는 구두코에 맑은 햇살이
그녀의 하루를 데리고 동행한다

체머리 흔드는 이유

매서운 삭풍에도 의연히 버티던
나뭇가지들이 마파람 움켜잡고
혼신을 다해 진저리 친다
메마른 가지에 물을 퍼올리는가 싶더니
연둣빛 잎눈 톡톡 뱉어낸다
파르무레 온 몸을 가린 이파리
그렇게 요동치지 않고서는
알몸을 감출 수 없었으므로
밤낮 없이 흔들어댄 모양이다
아직도 바로서지 못하는 건
더 가야 할 길이 있기 때문이다
발끝부터 머리끝까지
끊임없이 체머리 흔드는 자만이
색색의 면류관 쓸 터이니
회리바람 불어올지라도
더 깊이 흔들리며 뿌리 내려라

이영순

· 대전 출생
· 월간 《문학세계》 등단
· 시집 : 『길은 어디에』 상재
· 한국문인협회, 한국현대시인협회, 대전문인협회
대전시인협회 회원, 백지동인, 꿈과 두레박 회원
· e-mail _ iy1103@hanmail.net

시

그리움이란

바람 부는 대로
수천수만 번 흔들리는 풀잎이다

실낱보다 더 미미한 햇살을
까치발 떼며 따라가는 해바라기다

시나브로 품고 가는 강물의 별빛
밤낮으로 실뿌리가 쿵쿵거리는 물냄새다

무덤 속까지 따라붙는 그림자다

조팝꽃 필 때면

한 작품 무대에 올려
공연을 끝낸 광대처럼

또 다른 삶을 찾아
바스스 발길에 몸 부서져 간다

밥꽃 냄새를 풍기며

그 소주병

하얗게 눈 깔린 덜덜 추운 산 어귀
얇은 햇살 두르고
누가 또 긴 숨을 쉬는지
쭈글거리는 하도롱 빛 풀잎이 흔들린다

바위틈에 남아 우는 소주병 하나
찌그러져 떨고 있는 종이컵 하나

울퉁불퉁 자갈 눈 위에
비틀거리던 발자국 주저앉은 곳
바닥 뒹구는 그들 가방에 다시 담아
가볍게 걸어 나왔다 사람의 길로

무궁화 단심

노릇노릇 저문 밤
무궁화동산에 앉았다

분홍꽃으로 흰꽃으로
저마다 입을 열어
진종일 바람에 불리던 무궁화

잠이 들었는지
해쓱한 꽃잎 또르르 말아 넣고
기진한 숨소리만 떠돌았다

무엇이 저토록 고단했을까
꽃들의 시간
가만히 깨물어보는 잎사귀 하나

사발김치 전부인 소박한 밥상
저 잎 따서 끓인 국을
두레두레 앉아 훌훌 마셨다

빛깔, 바람, 나는 모르쇠
깊은 곳 뜻 하나 붉게 새긴 꽃

문소리

수런거리는 소리에 잠을 설친다

바스락바시락 샛잎들
나들이 채비하며
소살소살 부푸는 소리

달그락 달싹
대지의 문소리에
살그머니 창을 여니

들숨 따라 성큼 들어선 훈기
푸석했던 땅도
파란 실 뽑아 올리려는지

오물오물 꽃씨를 불리고 있다

변명

산등성이 오르는데
정강이 타고 오른 개미
딱, 때려잡고 허리 펼 때 걸린
나뭇가지 뚝 꺾었을 때

탁, 발목을 낚아채는 나무뿌리에
그만 엎드려 빌었다
편이를 쫓아 자연에 불손한 죄
스스로 원죄라며 변명했다

불립문자

앞을 막아선 어린 뱀
한 참을 꼼짝 않고 날 파먹었다
그가 써놓은 불립문자 차마 지울 수 없어
그 가는 걸음걸음 바라보며

실 낫 같은 종소리에도
나는 울었다
가물에 주저앉은 풀잎되어
저녁 종소리로 울었다

사람의 발작

험한 산
능선을 타던 날이었다

시커먼 마디가 생긴
개미의 행렬
누가 쿵 밟고 간 모양이다
환란을 만난 개미들
만신창이 동료를 황망이 맴돌며
어쩔 줄 몰라 한다

사람의 발은 재앙이었다

수십 마리 둘레둘레
우왕좌왕하더니
두세 마리 힘을 더 모아
죽은 개미를 끌고 어디론가 향하는데
난데없는 소 울음소리
개미행렬보다 더 벌겋고 길게 늘어서간다

눈 없는 발의 발작 따라
귀 없는 요령잡이 노래 따라

징검다리

푸르른 물살의 음계에 맞춰
껑충 건너다가 발밑의 돌을 본다

누구냐? 할 것 없이
짖지 말고 가라고
스스로 엎드린 돌
밟히고 부대끼는 나날들
얼마나 참고, 어떻게 견뎌을까

입이 없는 저 속
생살도 뭉그러져 떨어지고
남의 살도 내 살처럼 붙기도 했을
하얀피 주루루 흐르는
붉다 못해 검게 핀 꽃

흙발 눈발 비벼 발랐을
저 반들반들한 돌
서슴없이 하늘과 눈을 맞추고 있다

할망단지

새 아씨가 신부되던 날 부터
단지엔 그늘이 고이기 시작 했다

그늘 위로 시나브로 먼지가 앉고
축축이 젖으며 찐득찐득 시름이 짙어져
귀퉁이에 둥글게 웅크린 할망단지

어느 투박한 손이 툭툭 쳤을 때
켜켜이 옛 집안 말하던 기개로
온몸 울려 뱉는 쩡쩡한 기침소리

울컥 옛 아씨의 음성으로
잘 가져가게 아직 장꽃 피울 수 있으니
나보다 숨이 고른 단지여

그날 이후 단지 속 장꽃
하얀 장맛 되어 이곳저곳 기웃거린다.

이춘희

· 강원도 정선 출생
· 공저 시집 : 『옥빛 고운 자리』 외 다수
· 대전문인협회 회원, 꿈과 두레박 회원
· e-mail _ ebom@hanmail.net

시

| 상생의 손 | 가을 소묘 |

| 봉산동, 바구니에는 | 아, 이쁜 길 |

| 종지나물꽃 | 시래기 | 똬리 | 카멜레온 |

상생의 손*

거기엔 끝내
마주 잡아야 할 시간들의 약속이 있습니다
바다와의 약속은 늘
저녁의 노을들을 이끌고 와
저토록 뜨거운 실핏줄을 곤두세우는가 봅니다
그리하여 광장의 사람들은
바다와 해후하는 법을 알고
또 다른 약속을 바다와 나누는 법을 압니다
그리고 거기엔
망각의 시간을 찢고 올라와
한아름 뭍을 건네받으려는 오랜 열망이 있습니다

* 포항에 있는 조형물

가을 소묘

가을이 몇 뼘 다가온 수통골
바람이 밝다
물은 여름의 거처 어디선가 걸어내려와
햇살을 빛나게 한다
먼 곳의 정취를 모아들이는 계룡산
나는 긴 눈을 들어
여름 내 더위에 가려 있던 오후의 행방을 살피며
손바닥에 들어찬 만큼의 햇살을 받아낸다
그해 여름의 기억들
어디에도 없다
경운기를 이끌던 앞산의 내력도
개울 건너 들길 하나로 가을을 걷어들이던
갈무리의 흔적도
몇 개의 식당, 주차장 속에서 길을 잃었다

봉산동, 바구니에는

금강줄기 감싸도는 한밭 귀퉁이
조그만 바구니 웅크리고 앉아있다
담을 것 아직 많아 아구리가 차지 않은
유성의 봉산 886번지 바구니 마을
동구밖 저만치서 포크레인 한 대
구청에서 철거 명령 떨어지자
큰 눈 부릅뜨고 들어왔다
한겨울 까마귀 떼 울음에도 침묵하던 바구니
불타는 눈빛에 가슴이 졸아들고
밭 그늘에 가려 볕들 날 기다리던
바구니 속의 겉보리 같은 사람들 일제히 술렁댄다
마을 가운데 우뚝 선 당산나무에 기대
제 몸 반듯이 가누어보지만 바구니
그럴수록 중심은 더 기우뚱거리고
낡은 살과 뼈 사이로
모종 씨앗들마저 하나 둘 소리 없이 새나간다
갈 곳이 없어도 나가고
갈 곳이 있어도 가지 않는,
누군가 바구니에 찬물 끼얹을 때마다
뜨거운 입김으로 서로 가슴 덥혀 주던 그들

입 다문 채 손사래를 치고 있다
바구니 입은 넓어서 자유로웠다
아무도 막지 않는 마을 입구
낙서장 같은 흙벽돌집 벽마다
승리의 깃발 같은 벽보 바람에 펄럭인다
까칠한 보리들 누렇게 뜬 얼굴로
설 수도 앉을 수도 없는 길에서
생의 밧줄 움켜잡고 줄다리기 해보지만
밧줄은 어느 쪽에도 실리지를 않았다
손가락만 하나 굽혀도 실랑이는 끝난다
해와 달을 갈아가며 싸우던 사람들
허물 벗은 손은 더 이상 줄을 잡지 않았다
포크레인도 두 눈을 내리 깔고
어느새 플라스틱 바구니 안에는
퍼렇게 아우성치던 보리들
겨우내 언 몸을 봄 햇살에 말리고 있다

아, 이쁜 길

마을 도서관 뒷길에 교회로 가는 샛길이 있다 김발 같은 다리를 건너면 커다란 그루터기의 남은 고목이 외딴 길목을 지키고 있는
아, 이쁜 길!
언제 생겼을까 길가의 애기똥풀에 큼큼 코를 대다가 강아지풀 쓰다듬는데 갑자기 쏟아지는 소나기, 순식간 도랑물이 넘치고 불어 오르는 기억 속에서 어른거리는 정겨움 하나

유년은 비를 맞아야 잘 찾아 드는가
그때 나를 업고 험악한 물살을 가르던 그 시골 교회의 청년은 오늘 어떤 노후의 날들을 건너가고 있을까

어디서부터 떠내려왔는지
다리 기둥에 걸린 댑싸리 풀포기가 물살을 쓸어내는 한낮

종지나물꽃

볼우물 오목 패인 너는 어느 틈에나 들어 앉을 수 있구나 무엇에 부딪쳐도 좀처럼 기울지 않는구나 낮게 앉아 바라보는 성찬의 자리, 순진한 마음속의 흰보라꽃, 내 머리 위에서, 앞뒤에서 너를 에워싸는구나 맛을 노리는 자들을 경계하는구나 진한 맛깔의 적소에 뿌리를 내리는 너야 말로 나물중의 나물 그릇중의 그릇

시래기

마른 눈물 한 줄기
처마 밑에 매달려 있다
푸른빛마저 사라진 설움 한 타래
고드름으로 달려 있다

조용하다

똬리

노루발이 꿩의 다리 걸고넘어지는
치악산, 고비들이 흐드러진 모퉁이에서
뱀 한 마리 똬리 틀어 햇볕을 쬔다
순간, 가까운 곳의 고요에 소름이 돋는다
놀라워라
치악산의 전설을 입은 뱀 한 마리
능구렁이의 숙제를 풀기 위함일까
종의 머리를 받았던 까치의 전설을 잊고
오늘 또 치악산의 봄을 둘둘 감고 있다
나는 산중턱까지 내려오면서
둘둘 말던 하산길을 펼쳐놓고
으름덩굴 속을 헤쳐나간다
내 안에도 저런 똬리 하나 생긴 적 있었지
식도를 찾아든 뱀딸이며 애기똥풀
서로 뒤엉켜 내장이 틀어졌던가
때가 되면 틀어진 것들 풀어지리라

비비 틀린 터널 끝을
청미래덩굴이 철철 에워싸고 있다

카멜레온

불결한 건 볼 수 없어
무엇과도 잘 어울리지 못한다
모난 머리, 꼬부라진 생각으로
스스로 고독을 키우며
바람이 살결을 조금만 스쳐도
신경의 날을 곤두세운다
그래도 적이 없는 건
능란한 변신술 때문일까
기분따라 다양한 옷 색깔
바꿔 입기 때문일까
그러나 어떤 경우에도
흑백의 옷은 입지 않는다
황금의 띠도 두르지 않는다
살갗에 서식하는
빛의 알갱이들 분주히 오가며
그 내부를 감시하기 때문이다

이형자

· 충남 강경 출생

· 창조문학으로 등단(1998)

· 시집 : 『숨쉬는 닥나무』 (푸른사상 / 2001)

『미용실의 봄』 (시선사 / 2010)

· 공저 : 『옥빛 고운 자리』 외 다수

· 한국문협대전지회, 대전문인협회, 대전시인협회
대전충남여성문학회, 꿈과 두레박 회원

· e-mail _ top-leehj@hanmail.net

시

내 몸이 수상하다	달빛	동벽씨네 울안 이야기	마음의 성전
벚꽃	복음의 그늘	정월 손칼국수집에는	집 머위와 산 머위
한통속	화려한 나날들

내 몸이 수상하다

구절초가 고스라 들고 가을이 저만큼 빗장을 채우는데, 몸과 마음이 계절을 따라가는지 오돌토돌 닭 벼슬같이 혓바늘이 솟아 입속이 따끔거리며 어지럽다, MRI 검사실 앞에서 차례 기다리고 앉아 있다가 담당의사가 부르는 소리에 지레 놀라 뛰는 가슴으로 검사대 위에 누웠다 "숨 들어 마시고 숨 참으세요, 숨 내쉬고 숨 참으세요." 몸 구석구석을 0.5센티미터 간격으로 짧게 잘라 검사해 들어가는 의사 뒷모습에도 오금 저리다. 허겁지겁 밖으로 나와 길가에서 노랗게 물든 잎 떨구는 은행나무 밑에 섰다. 아내라는 이름으로, 어머니란 이유로, 살아온 것도 죄가 되는가. 앞만 향해 달려간 죄 밖에 없는데 나는 어쩌란 말이냐, 어쩌란 말인가 생은 안개 같아서 예순의 나이로 여기서 저기서 지워진 이름들도 많은데 내 몸이 수상하다 하나님 저를 아시나요

달빛

대둔산 계곡 달빛이 그리워
반딧불이 축제에 갔다

저녁 여섯시에서 일곱시
꽁지에 반짝반짝 불을 켜
짝을 부른다는 반딧불이

환한 달빛에 흔적도 없이
구전의 불을 켜고 날아다닌다

이름 모를 풀벌레 울음소리만
풀숲에서 기어 나와
발걸음을 붙잡고 놓아주지 않는다

시리게 쏟아지는 달빛이
반딧불이 축제의 밤을 삼켜버렸다

동벽씨네 울안 이야기

앞집 동벽씨네 울안에 온갖 꽃으로 치양쳐버렸어야
사목사목 동네 마실가고 잡다. 야들아

야들아 꽃이 허벌나게 피어 버렸어야
살구나무 가쟁이마다 느 외할머니 젖꼭지 즘 봐라
송골송골한 것이 재미져버렸어야
야들아 저것 즘 봐라 빨간 목단꽃이 한판 벌려 부렸어야
감나무 감꽃 진 그때 그 목걸이 만든다야
그 날 노란 감꽃 목걸이 만들어 갖고 댕김서 하나씩 빼 먹기도 했어야
야들아 얼매 안 있으면 느 외할머니 쌍둥이 삼촌 뱄을때
그 배 본 것 같것어야
칠월 백합꽃, 나리꽃도 피어야
세월이 허평대평 흘러간 것 같아도 헛짓거리는 아닌 것 같어야

야들아 세상이 아무리 옹색해 뵈도
어느 한 구석 공짜가 있는 뱁이어야
사람은 머시기 해도 자연은 야박하지 않어야
야들아 동백씨네 공짜 꽃잔치는 잘난 이 못난 이 차별도 없어야
아무리 먹어도 배탈날 일 없고 괜찮여야

진종일 쳐다본다고 벌금 내라고 고지서 올 일 없어야
다소 쪼깨 울 넘어 훔쳤다 해도
동네맹신, 나라맹신 시켰다고 우세스러워할 일 없어야
아침저녁 텔레비 화면에 얼굴 내 빼 잡혀 갈 일 있을라디야
바라만 보고 돈 안 낸다고 그 경치, 향기 꼬불쳐둘 수야 있것냐
하여간에 그작저작 이쁘쟈. 솔찬히 괜찮은 동네여야
앞집, 옆집, 뒷집 사람 잘 만나여야써 그게 큰 복여야

쳐다본다고 어쩔랴돼 좋제 그라고말고
무던이 쳐다봐 부러야. 그라믄 되제

마음의 성전

열 길 물속은 알아도
한 길 사람 속은 아무도 모릅니다

저울에 달리지도 않는 네 마음이
눈금자도 없이 못이 되어
여린 제 마음에 박혔습니다

애초부터 네 것이 내 것이 아니고
제 것이 제 것이 아닌
당신 것을 빌려 제 것인 양 씁니다

빌린 것을 내 것인 것처럼
주었다 상처로 남고
받았다 빚이 되었습니다
이리저리 옮겨간 마음 기다리다
어떤 땐 속마음 간 길도 모릅니다

사람 속은 돌려받을 수 없고
되돌려 줄 수도 없어
어찌 할 바 모르니

찾아 주든지, 찾아 가든지
당신의 원래 뜻대로 이루어 주소서

제 마음속이 성전이라 하였거늘
하나님 어찌 하시렵니까?

벚꽃

계룡산 나들이에서 봄을 만났습니다
반가운 봄으로 오신 듯
솜사탕 봉지 들고 금방이라도 안길 듯
연분홍 떨림으로 눈부신 봄
살며시 다가가 볼을 만져보는데
만지는 이역 손도 같이 떨리잖아요

하루 온종일 만나고도
그새 그리워 잠 못 이루는데
밤바람은 속도 모르고
빠른 걸음으로 가내요
두고 온 봄 멀어지면
부지하세월 체머리 흔드는
봄비까지 내리려나 봅니다

환―한 봄, 떨어진 그 입술조차도
시인묵객이라 하던데
술이나 몇 순배 더 나눠 볼 걸
아참! 할머니에게는 말 하지 마세요
그 봄 이야기하면
할머니는 가래톳이 생긴다나 봐요

복음의 그늘

윗집 물 떨어지는 소리조차 멈춰
어둠만 스멀거리는 밤
충택이네 할아버지 코를 골며 잔다

코를 곤다고
귀 떨어지는 소리를 하고
안방에서 거실로 나왔다

일면식도 아닌 시간
40여년 아이들 먹여 세우고
학교 보내고 어른 되어
손자 여섯을 안기지 않았던가

안경 넘어 우두거니 바라보다가
—그, 숨소리조차 없다면

충택이네 할아버지 콧소리
하늘에서 내린 복음 아니던가

정월 손칼국수집에는

— 터주지신 운감하시고 재수대통 만사형통

길 건너 손칼국수집
정월 초사흘 고사상 위에 돼지머리
제일 예쁘게 웃는 놈으로 선택해 올렸다하네

터줏대감 달랠 몸이라서
반드시 겉 핏기만 가시게 삶겨
헤벌린 주둥이 퍼런 지폐도 물렸네
뺏뺏한 코 천정 향해 치켜들고 무명실도 걸었네

팥 시루 한가운데 꽂힌 촛불
팥 시루떡 냄새 모락모락 피어올라
살며 옥죄였던 빗 걷을 것인가

문지방 기어 오르내리는 일개미
돼지머리 한 접시 공짜 막걸리
길 건너 그 손칼국수집

속알머리 없는 들창코 주인장

아래위로 오늘 인심 한번 거하네
— 그냥 재수대통 만사형통

나 이외의 신은 섬기지 말라 하였거늘

집 머위와 산 머위

동생네 집 뒷산에 머위가 산다고 했다
사돈 댁 울안에도 머위 꽃이 핀다

마음씨가 천심인 사부인
가끔씩 머위 보따리를 보내주신다
쌉쓰레하고 달보들레한 맛이
제법 입맛을 돌게 한다

동생네 뒷산에 머위는 제 벌로 커서인지
억새기만하고 쓰다
뻣뻣하기로 슬 삶은 쇠심줄 같다

울안 머위는
거름도 주며
주인의 발걸음 소리를 듣고 크고

산 머위는 제멋대로 흐드러진 탓에
안길 맛은 물론 감칠맛도 없다

내가 맛 없다하니

어머니는 햇볕만 많이 가진 것들은
너 남적 없이 앵돌아져
등 설고 재미없다 하신다

한통속

만조(滿潮)로
간월암이
바닷물 속에 갇혔다

저 멀리 수평선 위에
바다와 하늘이 만났다

바다와 모래사장 사이
입을 딱 벌린 채 발목 묶인
목선 하나

외로운 출항의 꿈으로
뜨겁게 설레 이는가

구름이 통째로 바다로 쏟아졌다
바다가 하늘이 되고
하늘이 바다가 되어

한통속이 되었다

화려한 나날들

- 전쟁

직화오븐 광고 요리사는 닭날개구이, 고등어구이, 피자빵 하루 종일 구워가며 골고루 구워 먹으면 좋다 한다. 암 보험 설계사는 간암, 전립선암, 유방암, 등등을 들썩이며 시간 시간마다 보험 한 구좌 들고 나와 겁을 부추기고, 자식들 마음에서 멀어진 말들 "자식에게 피해 줄 수 없잔 아" 로 시작해 노인들 주머니 속을 털어 내 놓으라 방아쇠를 조인다. 햇살 좋은 날 배낭매고 등산가는 중년부부들은 보리밥집, 오리탕집, 갈치구이집 간판을 외워가며 알게 모르게 바쁜 옆집 사람 기 만 죽인다. 모델 중에 화장품 광고 모델이 제일 잘 나간다며 그레모퍼시펙, 화살수, 라빙고, 화장품 전속모델이 박속같이 하얀 피부로 화려한 조명등 밑에서 영어로 표기한 로숀, 미백크림, 립스딕을 뽑아 올리며 눈꺼풀을 치켜 올렸다 내렸다 묘한 웃음을 장전했다, 애매모호한 말만 늘어놓고 표만 달라며 이편 저편만을 가르는 후보 입술에 침도 안 바르고 알아들을 수 없는 정책만 연신 늘어놓기 일쑤다, 사사건건 못나서 치고, 잘나서 맞는, 이긴 자도 진자도 없다

| 평설 |

생명수로서의 꿈, 그 시편들

꿈과 두레박 - 일곱시인의 시

김용재 (시인 · UPLI한국회장)

I

이데올로기가 동질적이다, 경향이나 수법이 공통적이다, 또는 장르나 취미가 동일하다, 그래서 서로 에콜(ecole)을 형성할 수 있다… 이런 사람들이 모여서 동인이 되고 동인지를 만들어 낸다. 우리나라 최초의 종합지로서의 문학동인지는 창조(1919)이고 최초의 시동인지는 장미촌(1921)으로 알려져 있다. 우리 문학사의 정상에서 깃발을 펄럭이던 폐허(1920)나 백조(1922)도 동인지이며 1960년대에 와서는 시단 - 60년대 사화집 - 현대시 - 신춘시 - 삼장시 등 동인지 전성시대를 이루었고 그 전성시대는 변함없이 지속되어 오늘에 와서는 가히 황금시대라 할 만큼 그 수효가 늘어났다.

어떤 에콜을 형성하거나 구심점을 따지지 않더라도, 전국적으로 - 지역적으로 - 같은 잡지 출신끼리 - 같은 학교 출신끼리 - 가까운 사람끼리 - 동종의 직업인끼리…등등 수많은 동인지가 발행되고 있다. 문학적 이데올기나 유파적 경향 또는 특성을 찾아

보기 어렵다 해도, 꼭 그럴 필요도 없다는듯 이들 동인지가 강인한 생명력을 유지하고 있는 것은 나름대로의 문학적 열정과, 발표지면으로서의 영향력, 지원체제의 여건상승 등 발행조건이 좋아졌기 때문일 것이다.

대전지역에서도 눈여겨볼 수 있는 동인지들이 여럿 있는데 그 중 하나가 「꿈과 두레박」이다. 꿈은 사랑의 젊은 꿈이나 모든 희망의 꿈으로부터 황량지몽(黃粱之夢)에 이르기까지 인생의 반려자요 때로는 인생 그 자체인 것이다. 두레박은 인생의 물 또는 생명의 물인 그 꿈을 길어 올리는 도구이며 시적 이미지로서 참 아름답고 보배로운 의미를 지니고 있다. 여기 아낙으로서의 꿈과 두레박을 운영 관리하는 권예자, 박현숙, 백경화, 이선, 이영순, 이춘희, 이형자 시인이 있다. 이 시인들이 모여서 《꿈과 두레박》 제 16집을 발간한다.

두레박줄을 늘이고 더러는 두레박틀을 이용하여 정성껏 길어 올린 생명수로서의 꿈, 그 시편들을 살펴본다. 평가의 입장보다는 감상의 견해에 가까운 내용이 될 것이다.

II

세상이 온통 서바이벌 게임에 미쳐 있다
오페라 가수, 위대한 탄생
나는 가수다, 신입사원, 불후의 명곡
김연아의 키스 앤 크라이까지

세상은 누군가를 탈락시키기 위하여
존재하는 듯하다
학교와 직장도 등수와 서열로
사람의 가치를 결정한다

기차를 타고가다 우연히 본 창 밖
전신주 하나가 속도에 뒤질세라
나를 뒤쫓고 있다
산도 보리밭도 그 뒤를 따라 달린다
산속 묘지 구름까지
달리기 대열에 합류한다

갑자기 불안해졌다
저들은 언젠가 나를 추월하여
밀어내고 말 것이다
나도 모르게 자리에서 벌떡 일어나
자꾸자꾸 앞 칸으로 자리를 옮겼다

오늘도
서바이벌게임의 레일 위를
질주한다
또 누군가 탈락할 것이다
벌써 조등이 켜지기 시작한다

- 권예자의 「서바이벌」 전문

서바이벌(survival)은 생존, 존속, 잔존의 의미이며 남보다 오래 사는 것을 강조한다. 더불어 생존경쟁이나 적자생존(the survival of the fittest), 자연도태로 그 의미가 확충된다.

이 시에서는 세상이 온통 서바이벌 게임에 미쳐있는 실제적 현상(1연)과 등수와 서열로 사람의 가치를 결정하는, 그래서 누군가를 탈락시키려는 듯 한 세상에 대한 우려(2연)가 제시된다.

이러한 현실진단에 대한 근심과 걱정은 마침내 기차를 타고 가면서 보는 자연경관에까지 유입되어 그들이 모두 달리기 대열에 합류한다(3연)고 느끼게 된다. 이 느낌은 갑자기 불안으로 심지가 돋아 자신에게로 밀려오는 추월의 물결에 대비해야 하는 것이다(4연). 그러나 별수 없이 서바이벌게임의 레일 위를 질주하며 탈락자, 자연도태자의 조등이 벌써 켜지기 시작한 것이다(5연).

자신이 살고 있는 동시대의 사회상을 성찰하는 시력이 양호하고, 달리는 기차의 등장과 조등의 불빛은 서바이벌 현상의 객관적 상관물로서 우수하게 조화를 이룬 것이다. 〈바다에 침몰하다〉 〈버드나무가 살찌는 이유〉 〈게시판〉 등도 같은 맥락에서 살펴볼 수 있을 것이다.

해질 녘 냇가
어디서 온 걸까
일제히 날아오르는 무리들
은빛 날개 흔들며 춤 춘다
눈빛 멀리 보는 척 하다가도
어깨쯤 맴도는 그녀는 없을까
눈부신 몸짓으로 그녀를 찾는다
천 날을 준비한

단 하루 사랑
온몸 다하여
눈물나도록 춤추는
치열한 정리(情理) 뜨겁다
이내 시간 저편으로 사라질
마지막 불꽃

- 박현숙의 「마지막 불꽃 - 하루살이」 전문

하루살이는 부유류(蜉蝣類:ephemera)에 속하는 곤충의 총칭으로 그 종류가 다양하다고 한다. 유충은 물속에서 수년간 생활하다가 탈피(脫皮)하고, 불완전변태 하는 것으로 되어있다. 성충은 여름 저녁 공중에 떼지어 돌아다니는데 이름과 같이 하루만 살고 죽는 것이 아니라 그 수명은 수일간으로 보고 있다. 그러나 수일간 사느냐 단 하루만 사느냐가 문제가 아니라 이 하루살이는 생활이나 목숨의 덧없음을 비유하는 대상으로 일반화 되어있다.

박현숙 시인은 이런 일반화의 개념에 머리 숙인 것이 아니라 새로운 이미지 조성에 열의를 보이며 시인의식을 강렬하게 촉구하고 나선 것이라 보여 진다.

하루살이의 무리를 보며 그 무리가 '춤춘다'는 표현으로 장단과 홍과 가락의 의미를 살려내고 있으며 '눈부신 몸짓으로 그녀를 찾는다'는 이미지를 부각시켜 그리움이나 사랑의 온후함을 길러내고 있다. 그리고 치열한 인정과 도리의 뜨거움을 마지막 불꽃으로 형상화하고 있는 것이다.

시경(詩經)의 조풍(曹風)편에 부유지익(蜉蝣之翼) 변변의복(采采衣服)이란 싯귀를 연상케 하는데 '내일없는 하루살이 날개

라지만, 울긋불긋 그 얼마나 고운 옷인가'라는 의미로 새기고 있다. 인생 백년이 하루같고 만나면 떠나는 이치이지만 하루살이의 삶에서, 삶다운 하루 그 긍정의 가치를 찾을 수 있다면 이 시는 분명 보편의 의미를 훨씬 뛰어넘는 작품이 될 것이다.

〈버려진 행운목〉〈분갈이〉〈벚꽃 아래서〉〈존재의 가치〉〈어느 사내 일기〉등 긍정의 눈빛이 투사된 박현숙 시인의 작품 속에서 독자는 건강한 시의식의 열매를 딸 수 있을 것이다.

바람도 자고 조용한 한라산 중턱
천태만상 조각 전시장이다
밤새 퍼부었던 눈덩이 뒤집어 쓰고
추위를 이겨낸 나무와 나무들
서로 부둥켜 않고 한 몸 되었다
사슴뿔로 치장한 작은 나무들
더 작은 풀잎들은
바닷속의 산호초가 되어
세상은 온통 순백의 나라
바람이 가져다 준 아름다운 선물
그 안에서 나를 보았다
수없이 만들다 실패한 조각품

우주 속에 들어와 꿈을 꾸고 있는가

- 백경화의 「조각전시장」 전문

백경화 시인의 수록작품은 등산에서 얻은 산문적 시편들이 주축을 이룬다. 「나는 어디쯤 가고 있는가」에서는 성판악의 새벽, 다이아몬드 세상을 그렸고 「춤추는 무대」는 백록담 정상, 구름들의 춤이 배경이 되어있다. 「이렇게 좋은 날엔」에는 지리산 정경이, 「유월의 덕유산」에는 의인화의 '당신'에 대한 그리움이 「섬진강 강변에서」는 평화로운 웃음이 펼쳐져있다.

「조각전시장」 역시 등산에서 얻은 그림이며 한라산이 무대로 되어있다. 이 시는 눈속에 조망해보는 한라산의 모습이 천태만상 조각전시장이라는 시각적 이미지의 총화로 미리 제시되었고 총화를 이룬 개별 이미지들이 후에 제시되었다.

눈덩이를 뒤집어쓰고 나무와 나무들이 한몸이 된 모습, 작은 나무들을 치장한 사슴뿔 모습, 바닷속 산호초가 된 풀잎의 모습, 이들이 모두 아름다운 자연의 선물인데 그 안에서 '나'를 보면 나는 분명 자연의 선물, 자연의 그 아름다움에 미치지 못한다. 동행 동화의 순응원리보다 역행 이화(異化)의 반동원리가 감각 경험으로 작용하여 그 모습은 모두 실패한 조각품으로 나타난다.

'나'도 실패한 조각품으로 동일시되어 '우주 속에 들어와 꿈을 꾸고 있는가', 자문하듯 끝을 맺고 있는데 그 꿈은 회한의 꿈이라기보다 완성을 갈망하는 꿈으로 이해의 폭을 넓혀볼 수 있을 것이다.

무채를 썰다 손을 베었다
손을 감싸 쥐고
원망스런 눈빛으로
칼끝을 노려본다
바르르
눈꺼풀에 경련이 일 뿐

칼은 아무 일도 없었다는 듯

침묵할 뿐이다

상처를 낸 것은
칼날이 아니다
시퍼런 칼도
스스로 상처 내지 못한다
가끔
무 한 쪽 베지 못한 칼
밤새도록 간 적 있다

- 이 선의 「침묵」 전문

이 시는 무채를 썰다 손을 벤 생활경험 하나가 좋은 작품으로 승화되고 형상화 되었다. 물론 이 경험은 시인 하나만의 경험이 아니라 만인의 주부의 경험이오, 주부 이전의 여성이나 그뿐만 아니라 수많은 남성의 비슷한 경험이기도 하다. 그 흔한 경험을 토대로 한 시가 어떻게 훌륭하게 구성 되었는가 살펴보자.

칼은 우리 생활에 크게 도움을 주는 문명의 이기(利器)요, 과학의 한 상징이다. 이용을 하면 한없이 즐겁고 유익한 것이지만 마음을 멀리하고, 또는 주의력을 잃고, 오용을 한다면, 불이익을 당하게 되고, 상처를 입고, 위험에 처하고, 경우에 따라선 목숨까지 앗기는 큰 불행을 당하게 된다.

이 시에서는 칼이 상처를 내놓고도 '침묵할 뿐이다'라고 했는데 '상처를 낸 것은/칼날이 아니다'라고 다시 직설적 설명이 붙어 다소 의아스럽긴 하지만 '시퍼런 칼도/스스로 상처내지 못한다'는 말로 제시된 의미가 제2의 의도된 시심으로 빛을 낼 수 있는 것이다. 무딘 칼 밤새도록 갈고 그래서 칼에 날이 서도 아무 일 없었던 대응적 의미가 그 빛을 더욱 밝게 할 것이다.

문명의 이기와 과학의 이용은, 이용의 목적을 찾는 자의 것으로 작용할 것이요, 그 오용은 불행을 자초하는 자의 것으로 작용할 것이다. 새삼 시와 과학으로 상호작용하는 심상의 아름다움과 그 가치를 새기는 것 같아 시 읽는 기쁨을 더한다. 그래서 「침묵」은 단순한 말없음이 아니라 선(善)이나 이용(利用)의 가치를 직감하고 직각(直覺)하는 시의 기제(機制)로 외침을 동반할 것이다.

앞을 막아선 어린 뱀
한 참을 꼼짝 않고 날 파먹었다
그가 써놓은 불립문자 차마 지울 수 없어
그 가는 걸음걸음 바라보며

실 낫 같은 종소리에도
나는 울었다
가물에 주저앉은 풀잎되어
저녁 종소리로 울었다

- 이영순의 「불립문자」 전문

불립문자(不立文字)는 문자나 언어로 뜻을 세우는 것이 아니라 어떤 깨달음을 마음에서 마음으로 전하는 것이다. 현실의 문자가 아니라 깨달음의 문자요 마음의 문자인 셈이다. 그렇다면 전제되어야할 문제가 곧 어떤 깨달음이 되겠는데, 불가에서는 불도의 깨달음이 되겠지만 시에서는 인간을 포함한 광범위한 시적 대상으로서의 사물에 대한 깨달음이나 인식 정도로 보아도 될 것이다.

이영순 시인의 「불립문자」는 뱀에 대한 깨달음이며 뱀 자체가 또한 불립문자다. '앞을 막아선 어린 뱀이' '한참을 꼼짝 않고 날 파먹었다'는 도입부터 하이퍼의 초월적 뛰어넘기가 어울려든다.

우리는 뱀을 보는 순간 놀라게 되고, 걱정 근심 불안으로부터 공포 저주에 이르기까지 정신적 압도의 상황에 서있게 된다. 뱀은 또한 "악업이 깊은 짐승"(법화경)이라 했는데. 그래서 적의와 경계의 자세를 보며 죽이기 전쟁을 하거나, 또는 물러서기를 기다리거나 도망치거나 해야 한다. 시인의 경험은 정신적 압도의 상황에서 '날 파먹었다'는 인식이 가능했을 것이다. 뱀의 실재가 생명세계 침식의 인식체계로 건너뛴 것이다. 그 뱀이 불립문자를 써놓고 가는 걸음걸음을 바라보며 '실낫같은 종소리'를 듣고 '나'는 울었으며 그 울음은 저녁 종소리 자체였다.

종소리의 근거는 앰비귀티(ambiguity)를 증폭시키고 있지만 일단 깨달음의 종소리, 세심(洗心)의 종소리, 또는 조종(弔鐘)으로서의 경종의 소리 등으로 생각해 볼 수 있을 것이다.

거기엔 끝내
마주 잡아야 할 시간들의 약속이 있습니다
바다와의 약속은 늘
저녁의 노을들을 이끌고 와

저토록 뜨거운 실핏줄을 곤두세우는가 봅니다
그리하여 광장의 사람들은
바다와 해후하는 법을 알고
또 다른 약속을 바다와 나누는 법을 압니다
그리고 거기엔
망각의 시간을 찢고 올라와
한아름 뭍을 건네받으려는 오랜 열망이 있습니다

- 이춘희의 「상생의 손」 전문

이춘희 시인의 「상생의 손」은 포항에 있는 조형물의 작품명을 시 제목으로 차용한 것이다. 그 작품은 바다에서 치밀은 손의 모습인데, 그 실제의 모습과 명칭에 압도되어 그대로 이용했을 것 이라고 유추해본다. 그만큼 좋은 제목이 어디 또 있을까 생각할 정도로 '상생의 손'은 의미하는 바 높고 넓으며 시사성도 큰 것이다.

'상생'은 너와 내가 서로 사는 이치인데, 우주간에 운행하는 다섯가지 원기 즉 오행상생의 의미와 불가의 수행원리인 보시(布施), 지계(持戒), 인욕(忍辱), 정진(精進), 지관(止觀)의 의미까지도 담고 있을 것이다.

'손'은 역시 순수한 우리말로서의 의미영역이 대단히 넓다. 예를 들어본다면 대전의 일손이 부족하다(일할 사람, 노동력), 대전사람 손이 가야한다(기술, 기예), 대전친구와 손을 잡다(교제, 교류), 대전사람 손을 빌었다(주선, 조력), 대전사람 손이 크다(아량, 포용), 대전사람 손을 놓치지 말라(기회, 호기), 대전사람 손안에 있다(소유, 권력), 대전사람이 먼저 손을 내밀었다(화해, 협력), 대전에는 뽑힌 손이 많았다(선수, 대표)…등등 좋은 의미가 무성하다.

이춘희 시인은 이러한 상생의 손을 본 경험을 놓치지 않고 시 작업에 성공하고 있다. '마주잡아야 할 시간들의 약속'을 제시한 것은 만인만세의 상생의 손을 집약적으로 떠올린 결정이며 바다와의 약속, 바다와의 해후는 세상과의 교제이며 삶의 교류영역이라 할 것이다. 마침내 '망각의 시간을 찢고 올라와/한아름 뭍을 건네받으려는 오랜 열망'이 있다 한 것은 절창이며 또 하나의 손의 의미를 천착한 것이다.

계룡산 나들이에서 봄을 만났습니다
반가운 봄으로 오신 듯
솜사탕 봉지 들고 금방이라도 안길 듯
연분홍 떨림으로 눈부신 봄
살며시 다가가 볼을 만져보는데
만지는 이역 손도 같이 떨리잖아요

하루 온종일 만나고도
그새 그리워 잠 못 이루는데
밤바람은 속도 모르고
빠른 걸음으로 가내요
두고 온 봄 멀어지면
부지하세월 체머리 흔드는
봄비까지 내리려나 봅니다

환—한 봄, 떨어진 그 입술조차도
시인묵객이라 하던데
술이나 몇 순배 더 나눠 볼 걸
아참! 할머니에게는 말 하지 마세요

그 봄 이야기하면
할머니는 가래톳이 생긴다나 봐요

- 이형자의 「벚꽃」 전문

이형자 시인의 「벚꽃」은 의인화(personification)의 생동감이 돋보이는 작품이며 자신과 대상과의 융합을 의식하는 소위 감정이입(empathy)으로서의 심리작용이 원만하게 시의 기반을 이루고 있다.

벚꽃은 도리행화(桃李杏花)를 물리치고 짧은 기간이지만 봄을 독차지한 듯 총애를 받고 있다는 입장에서 눈부신 봄 그 자체이다. 그래서 볼을 만져보고 온종일 만나고도 그리움은 불면의 밤으로 다가선다. 그때 발 빠른 밤바람과 체머리 흔드는 봄비의 출현은 벚꽃에 상처를 주는 걱정의 조짐이며 싫증의 징후인 것이다. 그래서 걱정의 조짐이 있기 전에 시인묵객으로서의 벚꽃과 술이나 몇순배 더 나누며 즐기지 못한 정한이 나타나는 것이다. 그런데 환한 벚꽃의 봄 이야기가 할머니에겐 가래톳의 원인이 된다. 불두덩 옆 오목한 곳의 임파선이 부어 켕기고 아프게 된 멍울이 가래톳인데 그 부분이 곧 신체의 특수한 감각영역이 될 수 있어 이성적 감정반응을 일으킬 수 있는 곳이다. 그래서 벚꽃은 봄을 대변하는 이성의 손님이기도 한 것이며 움츠렸던 몸에 생기를 북돋아주는 감정전이(displacement)의 활력소이기도 한 것이다. 사투리(또는 토속어)로 엮은 「동벽씨네 울안이야기」나 산문식 얼개를 이룬 「내 몸이 수상하다」나 「화려한 나날들」도 많은 독자들에게 활력소 역할을 할 것이다.

III

이상 꿈과 두레박 동인들의 시를 한편씩만 살펴보았다. 평범한 일상에서 평범치 않은 소재를 구한다거나 평범한 것이라도 남다른 시력을 투사해본다거나 새로운 상상력으로 깊이 있게 대상을 해석해보는 노력들이 편편마다 증폭되어 있다는 느낌을 받았다. 그러나 시 해석의 길에는 정답이 놓여있지 않다. 시인이 가는 길 그 자체도 끝이 없다. 그렇다 해도 우리는 시 해석의 최선의 답을 찾고 시인이 가는 길의 끝을 찾으려고 노력을 한다. 그 노력의 의미를 축소해 본다면 나름대로의 시론을 정립 할 수도 있고 시에 담아야할 내용물도 간추려 볼 수 있을 것이다.

각별한 삶의 의미를 담아낸다, 사물에 대한 의미를 영상으로 포착한다, 자연 또는 환경의 숲에 몰입한다, 낭만이나 이상의 세계를 탐색한다, 역사 또는 동시대의 사회상을 투시한다, 맵고 시큰한 비평의 안목을 밝힌다, 또 다른 실험적 이미지 구성에 열중한다,…등등 광범위한 시의 영역을 자신의 세계로 축소해놓고 그 안에서 스스로의 목소리를 낼 수 있는 입장이 된다면 크게 보람을 찾을 수 있을 것이다.

모두모두 건투, 정진하시길 빈다.

동인 주소록

권예자 중구 용두동 미르마을@107-702
017-434-8262 | bombi42@hanmail.net

박현숙 서구 월평동 하나로 @103-301
010-2645-8626 | hsrose@hanmail.net

백경화 서구 복수동 삼익목화@103-1305
011-9414-0799 | bak0799@hanmail.net

서명숙 서구 탄방동 한우리@106-102
019-430-2098

손중숙 서구 괴정동 51-27 대호빌라 302호
042-532-4667 | tokgine@naver.com

윤영애 동구 용운동 371-12
016-426-2646 | chuivn49@hanmail.net

이 선 서구 관저동 대자연마을@108-1305
010-4715-2955 | sunleetop@hanmail.net

이영순 서구 월평동 다모아@ 102-907
010-2547-1232 | ly1103@hanmail.net

이춘희 유성구 송강동 그린@318-803
010-8819-8024 | ebom@hanmail.net

이형자 중구 목동 111-12 금호한사랑@105-601
010-7455-0510 | top-leehj@hanmail.net

정남순 서구탄방동한가람@12-1304
019-9488-1868

꿈과 두레박 _ 2011년 제16집

펴낸날 _ 2011년 10월 30일
지은이 _ 꿈과 두레박 동인회
펴낸곳 _ 기획출판 오름
등록번호 _ 동구 제 364-1999-000006호
등록일자 _ 1999년 2월 25일
주소 _ 대전광역시 동구 삼성1동 122-2
전화 _ 042.637.1486
팩스 _ 042.637.1288
E-mail _ orumplus@hanmail.net

ISBN _ 978-89-90151-63-6

값 8,000원

· 본지는 대전문화재단문예진흥기금의 일부를 지원받아 발행하였습니다.